DÉPOT LÉGAL
Seine
N° 6702
1889

DISCOURS

PRONONCÉ PAR

M. LÉON SAY

Le Jeudi 7 Novembre 1889

Au Diner du *Journal des Débats*

Le jeudi soir, 7 novembre, a eu lieu, au Café Riche, le dîner mensuel du *Journal des Débats*. Il comprenait cinquante convives appartenant à la rédaction et à l'administration du journal. Au dessert, M. Georges Patinot, directeur, a porté un toast aux collaborateurs du journal récemment élus députés. M. Léon Say a répondu par le discours suivant qui a été fréquemment applaudi :

Je vous remercie beaucoup, mon cher directeur, de la santé que vous venez de porter. Vous avez approuvé ce que nous avons dit et fait pendant la période électorale. Je voudrais dire maintenant comment nous avons compris les devoirs que nous nous sommes imposés. Je ne parlerai que pour moi, mais je ne dirai rien, je crois, qui n'exprime en même temps l'opinion de mes amis.

Je ne me suis pas repenti un seul instant, de-

Lb⁵⁷
10041

puis le 22 septembre, d'être entré dans la lutte et d'avoir joint mes efforts aux vôtres pour la défense des libertés publiques menacées par le mouvement boulangiste. Le parti libéral n'a jamais voulu faire de la politique militaire. C'est sa gloire dans le passé, et ce sera aussi, je l'espère, sa force dans le présent. Dans cette aventure qui a mis, je puis le dire, le pays à deux doigts de sa perte, nous sommes demeurés fidèles au gouvernement parlementaire. Nous n'avons pas inventé l'homme, nous ne l'avons pas ménagé ; il ne nous a pas intimidés ; nous n'en avons pas fait un instrument. Ce sont les radicaux qui lui ont fourni ses premiers moyens d'action ; c'est la coalition monarchique qui lui a fourni les derniers. Au début comme à la fin, l'article commun du programme des boulangistes, aussi bien que de la coalition monarchique et du radicalisme a été la revision. Pour nous, depuis la première heure jusqu'à la dernière, nous avons combattu à la fois l'homme et la formule.

Nous avons donc plus que personne le droit de nous réjouir du résultat des élections. Elles ont été, tout le monde l'a reconnu, un grand succès pour la république, un grand succès pour la république modérée. En le constatant, nous devons rendre hommage au Président de la république. Nous avons toujours évité de mêler son nom respecté à nos luttes, mais nous avons cependant le droit de dire que sa grande honorabilité, la correction de son attitude et la modération de son esprit ont puissamment agi sur les populations. Si nous voulions faire une carte de France, teintée d'après les nuances politiques, la nuance correspondante aux opinions modérées se confondrait avec l'itinéraire des voyages présidentiels. Nous devons aussi rendre hommage au ministère actuel, qui, en restaurant le principe d'autorité, a contribué au succès des élections dernières.

Mais il faut reconnaître, avant tout, que le pays lui-même, a fortement indiqué sa volonté d'être gouverné par les principes de la république modérée.

La lutte électorale a été cependant des plus violentes dans quelques circonscriptions, ce qui n'est point assurément l'indice d'un penchant particulier à la modération. (Rires.) Je l'ignore d'autant moins que j'ai été personnellement en cause ; les manœuvres les plus odieuses ont été employées contre moi. J'ai pu voir, sur la porte de l'église de Meilhon, mon portrait découpé dans un journal, orné des attributs du diable et souligné par une adjuration de ne pas voter, sous peine de péché, pour un franc-maçon. (Rires.) Je ne suis pourtant pas franc-maçon. Le dimanche après l'élection, un vieillard est venu dire à un de mes amis qu'il avait l'intention de voter pour moi, mais qu'exposé à comparaître prochainement devant son juge, il n'avait pas osé charger sa conscience d'un péché mortel.

Dans la circonscription que j'habite, à deux

cents lieues de celle où j'étais candidat, on a distribué, pour nuire à un de nos amis, des libelles outrageants pour ma personne. Cela importe peu. Ces adversaires, si violents qu'ils se soient montrés d'abord, ont été obligés, en fin de compte, de rendre hommage aux idées modérées. Cela prouve, plus que tout autre chose, que le sens que je viens de donner aux dernières élections est bien le sens véritable. Quant à nous, nous ne devons rien à personne, nous sommes libres vis-à-vis de tout le monde. Nous faisons de la politique modérée, parce que telle est notre opinion ; nous n'avons besoin de nous concerter avec personne pour savoir quelles sont nos idées, et nous entendons suivre la voie que nous nous sommes tracée, quelles que soient les attaques que l'on dirige contre nos personnes.

Nous entrons dans cette Chambre avec l'espérance de voir se former un grand parti central, ayant à ses frontières extrêmes ceux qui, d'un côté n'ayant rien oublié, ne nous offrent que des solutions mortes, et, de l'autre, ceux qui, n'ayant rien appris, nous convient à des solutions chimériques. J'estime qu'entre ces deux partis extrêmes, il y a place pour le grand parti de la république libérale. Nous avons une grande nouveauté à montrer durant cette législature : des hommes qui sont eux-mêmes, et cette nouveauté seule peut être appelée à produire un grand effet. Nous savons parfaitement ce que nous voulons et nous savons aussi très bien ce que nous ne voulons pas.

Il est bien inutile d'insister ici sur les divers points de notre programme; nous l'avons développé pendant la période électorale, dans mille réunions publiques, et vous le défendez tous les jours dans le *Journal des Débats.*

Nous avons le plus grand souci de dire la vérité, rien que la vérité, toute la vérité.

Je sais bien que si quelques-uns de nos anciens collaborateurs pouvaient revivre, ils trouveraient peut-être à nous reprendre, Notre vieil ancêtre Fiévée, par exemple, s'écrierait : « Avez-vous donc oublié ma formule : la politique, c'est ce qu'on ne dit pas? » D'autres hommes politiques plus jeunes paraissent croire que la politique, c'est ce qu'on fait dire aux autres.

Je ne m'inquiète pas de ces formules. Nous ne faisons pas, nous, de la politique diplomatique. Nous croyons que le pays a soif de vérité et qu'il y a eu, depuis quelques années, trop d'équivoques. Nous reprenons la phrase familière de M. Thiers : « Il est temps de déchirer les voiles. » Nous avons le projet de dire ce que nous pensons, et j'espère que nous réussirons à faire accepter nos idées. La discussion loyale est le propre de notre politique. Nous avons le plus grand respect pour toutes les opinions sincères ; mais la sincérité des opinions exige qu'on parle haut et qu'on ne cache rien.

Pourquoi le pays s'est-il trouvé dans le triste état politique où nous l'avons vu ? C'est qu'il a été trompé. Dans aucun parti, on n'est aujourd'hui disposé à accepter un chef ou à écouter les anciens chefs, parce qu'on est mécontent de la direction qu'ils ont imprimée à la politique. On ne croit plus aux chefs, ni aux grands, ni aux petits, ni aux chefs de groupes dans la Chambre, ni aux chefs de comités dans les villages. Le succès d'un si grand nombre d'inconnus aux dernières élections s'explique par ce fait qu'on était fatigué de ceux que l'on connaissait. C'est ainsi que, dans l'antiquité, lorsqu'on commençait à ne plus croire aux dieux, on élevait des autels aux dieux inconnus.

Quoi de plus fâcheux, en effet, que la politique de groupes, cette politique qui consistait à livrer les conservateurs libéraux aux intransigeants de Droite et les républicains modérés aux radicaux ?

J'ai lu dans un journal qu'on allait former un groupe Léon Say. Je me suis bien promis de ne pas m'y faire inscrire. J'estime qu'il ne faut plus de politique de groupes. Assurément, il peut être utile de conférer avec ses amis politiques, mais il n'est pas besoin pour cela de former des groupes, d'avoir des présidents, des secrétaires et des procès-verbaux.

J'ai entendu dire que, dans une prochaine Chambre, on ne ferait plus de politique et que l'on se bornerait aux lois d'affaires. Je ne sais pas, pour ma part, ce que serait une loi d'affaires conçue sans esprit politique.

Ce qui nous distingue d'un certain nombre d'hommes politiques, c'est que nous voulons gouverner avec nos opinions et non pas avec nos passions. Nous voulons que le gouvernement se rende compte des nécessités actuelles et qu'il nous garde de cette étroitesse d'esprit qui tend à rejeter en dehors de la république un certain nombre de citoyens. On les excommunie, de sorte qu'une moitié de la nation pourrait finir par excommunier l'autre. Nous ne désirons point confisquer le pays au profit d'un certain nombre de gouvernants, nous souhaitons au contraire que la république s'inspire de principes assez larges pour représenter exactement l'esprit de la nation et devenir un gouvernement véritablement national.

Que faut-il faire pour arriver à ce résultat? Des lois nouvelles? Oui sans doute, mais avant de songer à réformer les lois, il faut réformer l'esprit de l'administration.

Si les chefs du gouvernement étaient animés d'un esprit de tolérance et de modération, qui pénétrerait à son tour dans toutes les parties de l'administration française, le terrain ne serait-il pas tout préparé pour les réformes législatives? Si par exemple un ministre de l'intérieur avait le courage de rétablir les sœurs dans les hôpitaux, et si au lieu de s'en excuser devant la Chambre, il revendiquait hautement l'honneur de cette mesure de réparation, ne croyez-vous pas qu'il y aurait, du jour au lendemain, un grand changement apporté dans la situation politique du pays ?

Lorsque nous avons combattu la revision, nous avons dit qu'il était possible de donner plus de force et de stabilité au gouvernement, sans toucher au texte des lois constitutionnelles. Ne peut-on procéder de même pour les lois ordinaires ? Il ne faut pas se presser de modifier les lois, il suffit le plus souvent de les appliquer dans un esprit de tolérance, de modération et de respect de la liberté. Prenons la loi scolaire. J'ai voté plusieurs amendements à cette loi, notamment celui qui prescrivait de consulter les conseils municipaux avant de prononcer les laïcisations d'écoles. Je n'ai pas changé d'opinion, mais je suis convaincu que sans changer la loi on pourrait apporter dans son exécution des tempéraments qui produiraient un résultat analogue à celui que j'attendais de nos amendements. Si un ministre de l'instruction publique était fermement résolu à ne pas poursuivre les laïcisations à outrance, et s'il était d'accord sur ce point avec la majorité des Chambres, je me demande qui pourrait le contraindre à procéder contrairement à ses convictions. Je ne veux pas porter atteinte au principe de la loi, je ne veux pas revenir sur les grandes conquêtes de l'esprit moderne. L'Etat doit être laïque et la société laïque doit se gouverner elle-même, mais il y a des dispositions règlementaires auxquelles il faut rendre leur caractère véritable et qu'on ne saurait considérer comme nécessairement immuables. On a pris l'habitude d'insérer dans les lois des dispositions qui seraient mieux à leur place dans des règlements d'administration publique, dans des décrets ou même dans de simples arrêtés ministériels.

De même pour la loi militaire. Nous voulons une bonne armée, une armée forte ; mais nous voulons en même temps que la nation ne s'affaiblisse pas, qu'elle reste productive, industrieuse et riche pour pouvoir mieux se défendre. Nous avons demandé, et nous persistons à croire que nous avions raison, que le recrutement des grandes écoles et des carrières libérales ne soit pas entravé. Nous tenons aussi à ce que le recrutement du clergé ne soit pas entravé par une loi dont ce n'est pas l'objet et qui doit avoir un caractère purement militaire. La loi sur l'armée a, en effet, pour but de préparer pendant la paix les moyens de faire la guerre, et pourquoi faire apprendre le maniement du fusil à ceux auxquels nous n'en donnons pas à porter en temps de guerre? Il n'est pas douteux qu'il ne soit encore plus facile de faire pour la loi militaire ce que je demande pour la loi scolaire, et de tempérer dans la pratique ce qu'il peut y avoir d'intolérant ou d'excessif dans les intentions de quelques-uns de ceux qui ont voté la loi. Mais pour pouvoir tempérer les lois par l'application, il faut, à la vérité, remplir une condition préalable, c'est d'avoir des ministères fondés sur des principes et ayant une politique déterminée. C'est ce qui n'est pas arrivé jusqu'ici. On s'est appliqué, pendant les dernières années, à former des Cabinets, faits pour contenter tous les groupes ; on combinait les nuances et on formait un véritable arc-en-ciel de gouvernement. Si on ne renonce pas à ce déplorable système, il n'y aura évidemment pas de réforme sérieuse à espérer. Il est du devoir des républicains modérés de ne pas se prêter à ce que l'on persévère dans ces mauvaises pratiques. Une œuvre législative sérieuse et bienfaisante ne sera possible que si on y renonce.

Je n'entreprends pas, bien entendu, de vous tracer le programme complet de l'œuvre qui incombe à la nouvelle législature ; elle est très vaste et je dois me borner à quelques indications.

Je suis persuadé notamment qu'il y a beaucoup à faire pour simplifier et décentraliser l'administration, pour permettre de régler sur place un très grand nombre d'affaires locales qui encombrent aujourd'hui les ministères. Ne pourrait-on pas donner, par exemple, aux budgets départementaux, une autonomie semblable à celle des budgets communaux ?

La Chambre nouvelle aura à s'occuper particulièrement de la situation financière. Sa première tâche sera de faire un grand effort pour rétablir l'équilibre. On y parviendra, si l'on se rappelle que l'équilibre d'un budget ne se vote pas à la dernière heure, dans la nuit du 30 au 31 décembre, qu'il y faut penser toute l'année, et ne pas faire constamment des lois qui le rendent impossible. On parle beaucoup d'économies. Je serais déjà satisfait pour ma part si l'on s'abtenait d'accroître sans cesse la dépense. Ce premier résultat obtenu, je suis convaincu qu'une bonne politique qui, rassurant les intérêts, permettrait l'essor de l'industrie et du commerce, assurerait par elle-même au budget un supplément de ressources d'au moins 100 millions par an. Ces 100 millions suffiraient-ils ? J'en doute, et il est à craindre qu'on ne soit obligé de créer des recettes nouvelles. Les radicaux ne se rendent pas compte de ce que peut produire une bonne politique dans le domaine financier. Ils croient, au contraire, que les réformes financières rendraient la politique plus facile. Ils prétendent demander surtout à l'impôt direct les ressources nouvelles. Ce n'est pas mon avis. Les impôts directs sont par excellence des impôts locaux : pour qu'ils soient supportables, il faut que leur assiette et leur emploi soient contrôlés de près par les intéressés eux-mêmes. Aussi voyons-nous dans les pays étrangers, en Allemagne, aux Etats-Unis, en Suisse, que le budget de l'Etat est alimenté presque exclusivement par les contributions indirectes, tandis que les budgets locaux des Etats particuliers ou des cantons sont alimentés par l'impôt direct. La réforme de notre impôt foncier a été préparée par une mesure dont j'ai pris l'initiative et que j'ai eu quelque peine à faire accepter par les Chambres : celle qui consiste à séparer le contingent des propriétés bâties de celui des propriétés rurales. La vraie solution consisterait à abandonner aux départements et aux communes le principal de l'impôt foncier, sauf à leur imposer, par contre, si c'était nécessaire, certaines charges, celles de l'enseignement primaire par exemple, que l'on a, à mon très vif regret, transformé en un service d'Etat. Il en résulterait évidemment des économies.

Quant à augmenter le produit de l'impôt direct, je répète que c'est, à mes yeux, impossible. On n'y arriverait qu'en taxant le revenu, et cet impôt retomberait, pour la plus forte partie, sur les agriculteurs, déjà trop lourdement chargés. Il ne serait pas impossible, s'il faut des ressources nouvelles, de les trouver dans une réforme de l'impôt des boissons et dans une augmentation de la taxe sur l'alcool. Une commission qui a siégé récemment au ministère des finances a fait de cette réforme une étude approfondie. Je ne doute pas qu'on ne parvienne à d'excellents résultats en supprimant l'exercice des débitants, en unifiant l'impôt sur les vins, et en facilitant ainsi les modifications à apporter au tarif de la taxe de l'alcool, et on ne prendrait pas seulement par là une mesure fiscale utile ; on ferait une bonne loi sociale en combattant le fléau de l'alcoolisme.

Ce n'est pas, tant s'en faut, la seule œuvre de cette nature qu'il y ait à entreprendre. La Chambre nouvelle devra, si elle veut rester fidèle à son mandat, attacher la plus grande importance et consacrer une infatigable activité à l'amélioration du sort des classes laborieuses. J'ai signalé quelques-unes de ces réformes dans un discours que j'ai prononcé récemment et je ne veux pas me répéter.

Je me borne à vous dire que nous manquerions au premier de nos devoirs si notre attention ne se portait pas en première ligne sur les besoins de ces millions d'hommes que nos querelles de pure politique touchent fort peu, mais qui travaillent, qui souffrent, et qui auraient le droit de ne pas nous pardonner si nous restions indifférents à leur sort.

Ce sera encore nous occuper d'eux que de débarrasser notre organisation judiciaire et notamment notre procédure d'une foule de complications, de lenteurs et surtout de frais qui rendent si défectueuse l'administration de la justice et qui sont indignes d'une société civilisée comme la nôtre. Il y aurait, dans cette seule série de réformes, à la condition de s'en occuper plus sérieusement qu'on ne l'a fait jusqu'ici, de quoi remplir utilement plus d'une législature.

Tout en étudiant et en soutenant ces projets de loi, le gouvernement aura à s'acquitter d'un autre soin. Il devra redevenir ce qu'il n'est plus, le maître de son personnel. Il devra arracher ses agens aux influences parlementaires et à une autre influence dont vous me permettrez de parler ici, et que vous connaissez bien. On a dit que la presse était le quatrième pouvoir de l'Etat ; on pourrait dire qu'elle est aujourd'hui le premier. Il faut que les agens du pouvoir cessent de subir les injonctions des députés et des journaux et d'y obéir plus qu'aux ordres de leurs chefs hiérarchiques. Il faut qu'ils soient défendus contre l'excès de certaines attaques. Je n'entends pas toutefois que, en touchant au régime de la presse, on supprime les libertés légitimes et nécessaires. Il faut toujours se rappeler, quand on tente une entreprise de cette nature, qu'un jour pourra venir où on sera en minorité. Dans ces matières délicates, il y a une juste mesure à garder. Elle a été dépassée dans un sens ; il ne faut pas qu'on la dépasse dans l'autre.

Il en sera de même des mesures qu'il est urgent de prendre pour faciliter et pour activer la marche du travail législatif. Les discussions oiseuses et les interpellations ont coûté beaucoup de temps à la dernière Chambre. Ce n'était pas un très grand malheur. Quand une Assemblée fait de mauvaise besogne, il n'y a pa grand dommage à ce qu'on l'en détourne. Mais, à l'avenir, il importera de faire en sorte que ce gaspillage de temps ne se reproduise plus. Seulement, quand on prendra dans ce sens les précautions indispensables, on devra veiller avec grand soin à ne pas dépouiller les minorités du droit très légitime qu'elles ont de se faire entendre, et ne pas supprimer le droit d'interpellation, sous prétexte de le réglementer.

Le premier témoignage que l'on pourra donner de cet esprit de tolérance et de modération, qui est indispensable, ce sera de ne pas raviver, pendant les six semaines de la session extraordinaire qui va commencer, les passions et les rancunes que la fin de la période électorale doit avoir éteintes, Procéder à des invalidations systématiques, ce serait, dès le début, inaugurer une politique détestable et compromettre l'avenir de la législature tout entière.

Permettez-moi en terminant de reprendre une pensée exprimée il y a quatre siècles par un homme de génie qui a souvent manqué de scrupule quand il a donné les règles de l'art de gouverner, mais auquel on doit beaucoup pardonner, parce qu'il a beaucoup aimé sa patrie. Il a dit : « Il faut que vous donniez à votre république de bonnes lois, de bonnes armes, de bons amis et de bons exemples. » Je dirai, moi : Il faut donner à ce pays de bonnes lois, qui permettent à chacun de se protéger et qui obligent les factieux à les respecter. Il faut lui donner de bonnes armes, c'est-à-dire une armée qui soit assez forte pour nous défendre, qui soit une école de patriotisme et non l'instrument des passions des partis. Il faut lui donner de bons amis, à l'extérieur et à l'intérieur, par la sincérité et la fidélité de nos relations au dehors, par la tolérance et la modération de notre gouvernement au dedans. Il faut enfin lui donner de bons exemples. Nous ne recherchons pas le pouvoir. Nous voulons exercer une influence sur la politique générale. C'est par de bons exemples que nous pouvons y arriver et, ces exemples, j'espère que les républicains libéraux auront assez de sagesse et de fermeté pour les donner.

Paris. — Imp. P. Mouillot, 13, quai Voltaire. — 40030

www.ingramcontent.com/pod-product-compliance
Lightning Source LLC
Chambersburg PA
CBHW071702030726
47598CB00005B/2195